AF602835

NOTICE

HISTORIQUE

SUR LE CITOYEN

BROCHE.

NOTICE
HISTORIQUE
SUR LE CITOYEN
BROCHE,

Lue par le Citoyen Guilbert, *dans la Séance du 15 Frimaire an XII*[e], *de la Société* Libre *d'Émulation, pour le progrès des Sciences, des Letttres et des Arts.*

La *Fugue*, ce morceau si vaste, et si sublime,
A ton génie heureux semble ne rien coûter,
Et les pompeux accords dont ta verve l'anime,
Au sujet sans effort viennent se présenter.

A ROUEN,
De l'imp. de Vt. GUILBERT, rue Nationale, n° 29.
Année XIIe.

AVANT-PROPOS.

La Musique parmi nous doit sa naissance à Lully ; c'est lui qui a été le créateur de notre opéra. Quoique né en Italie, on peut regarder Lully comme français, à cause de son extrême jeunesse quand il quitta son pays. Si, depuis l'immortel Rameau, la musique lyrique a fait des progrès étonnans, on n'en admire pas moins encore les récitatifs de Lully. On ne pourroit d'ailleurs oublier sans injustice, combien ce grand musicien eut d'obstacles à surmonter en France. C'est au point que les musiciens de ce tems-là trembloient quand on leur proposoit d'exécuter à livre ouvert.

Les arts ont leurs révolutions comme les états ; mais il n'appartient qu'au génie de les opérer. Personne n'y a plus complettement réussi que Rameau. Ce musicien n'a pas seulement été un compositeur profond : il a révélé les secrets de l'art à nos concitoyens dans son ouvrage intitulé : Démonstration du principe de l'harmonie, servant de base à tout l'art musical, théorique et pratique.

Je n'entreprendrai point de parler ici des diffé-

rentes productions de cet illustre auteur ; il me suffira de dire qu'il est tour-à-tour VOLUPTUEUX ET SUBLIME *dans ses compositions. Jamais musicien n'eut une connoissance plus profonde de son art.*

Citons ici quelques vers de Marmontel; il me semble qu'ils expriment fort bien les heureux changemens apportés dans la musique française par Rameau.

« Le goût flottoit dans le cercle du doute,
. . . .
» *Rameau* paroît, et la nuit se dissipe,
» Dans ses accords il surprend leur principe,
» Et des rayons qu'il en fait rejaillir,
» L'Art éclairé ne craint plus de faillir.
» Il est connu, ce mélange harmonique,
» De sons divers qu'engendre un son unique;
» Ce doux rapport, cet amour mutuel,
» Qui les confond dans le sein paternel :
» Je crois les voir franchir leur intervale,
» Pour remonter vers leur source natale,
» Se reconnoître, et de loin s'appeller,
» Pour s'embellir à l'envi se mêler.
» Que de rapports ! quel tissu de merveilles !
» Ce que n'ont pu trente siecles de veilles,
» Un seul mortel d'un regard le produit. »

La musique lyrique a, quant à la perfection, devancé celle des églises. Les premiers qu'on cite dans ce dernier genre, sont Dumont, *très-bon organiste pour le tems où il vécut, et* Lalande. *Les motets de celui-ci offrent de grandes beautés.*

Après Delalande, *on doit citer* Gilles, Madin, Davenne; *hâtons-nous toutefois d'arriver à* Mondonville. *Cet artiste s'éleva par ses* motets *à la hauteur de* Lalande; *mais il fut moins heureux quand il tenta de devenir l'émule* de Rameau; *celui-ci ne put être ébranlé dans la premiere place : quant à la seconde, personne n'eût osé la disputer à* Mondonville.

Rien n'est si commun que de voir certains préjugés fort accrédités dans le monde : de ce nombre est celui d'après lequel on prétend qu'un habile clavessiniste *ne sauroit toucher l'orgue sans se gâter la main. Les faits démentent cette erreur; nos plus fameux organistes, tels que* Daquin, Marchand *et* Couperin, *ont excellé sur le clavessin.*

Marchand *fut quelquefois inégal; ce fut toujours le partage du génie.* Couperin *le balança dans l'opinion publique; c'est faire un grand éloge de ce dernier; et dire que* Broche *a joui, comme organiste, de la plus grande considération dans l'esprit de* Couperin, *c'est prouver d'avance que* Broche *excella dans son art.*

Daquin *paroît avoir rappellé le talent de* Marchand, Calviere *celui de* Couperin. *Chacun d'eux avoit pris un de ces grands maîtres pour modele.*

Au milieu de ces noms célebres, on cite celui de M. d'Agincourt, *habile* clavessiniste *et fort bon organiste. Il jouit d'une grande réputation à Rouen, et M.* Pluche *en parla dans son septieme volume du* Spectacle de la Nature.

Je me renfermerai dans ces détails ; ils suffisent pour préparer le lecteur au sujet dont je vais l'entretenir. D'autres pourront parler du violon, de la basse de viole *et des autres instrumens. Ceci n'a point de rapport avec la musique d'église.*

NOTICE

HISTORIQUE

SUR LE CITOYEN

BROCHE,

Lue par le Citoyen GUILBERT, *dans la Séance du 15 frimaire an XIIe, de la Société* LIBRE *d'Émulation, pour le progrès des Sciences, des Lettres et des Arts.*

CITOYENS, pourquoi faut-il que mon premier devoir à remplir au milieu d'une aussi intéressante réunion, en soit un véritablement pénible ? A peine jouissez-vous de votre organisation nouvelle que déjà vous avez à regretter un collegue dont les maux s'allégeoient quand il vous assuroit qu'il tenoit à honneur de vous appartenir. En vous témoignant combien il seroit flatté de siéger parmi vous, il regardoit vos suffrages comme la plus douce récompense de ses veilles. Hélas ! le sort envieux semble n'avoir permis à notre collegue, Broche, de jouir de la vie qu'autant de tems qu'il en falloit pour faire sentir plus vivement sa perte à ceux d'entre nous qui ne le connoissoient que par l'éclat de sa réputation.

Puisse ce foible tribut que nous essayons de payer à sa mémoire, être par vous jugé digne des talens que reconnurent également dans ce grand musicien les étrangers et les amateurs de notre ville ! car je dois le dire à la louange de Broche : il eut l'avantage d'entendre apprécier son mérite dans la ville même qui l'avoit vu naître ; bonheur assez rare parmi les artistes !

Les circonstances, l'occasion, le hasard ont, vous le savez aussi bien que moi, citoyens collegues, une grande influence sur les événemens de la vie ; et depuis Abdolonyme jusquà Sixte-Quint, depuis Virgile jusqu'au GRAND Rousseau, combien n'en pourrions-nous pas citer que la fortune s'est plue à tirer de l'obscurité, soit en les élevant au plus haut degré de puissance, soit en les conduisant elle-même à la gloire dans la carriere des lettres et des arts.

Broche ne se fût jamais illustré dans l'art musical s'il n'eût eu le bonheur de naître d'un pere auquel ses occupations accessoires dans une église, procurerent l'avantage de connoître le premier organiste de notre ville.

Né d'un honnête artisan, il auroit infailliblement suivi l'état paternel, si *Desmasures*, alors organiste de la cathédrale, n'eût démêlé, pour ainsi dire, dès l'enfance, les heureuses dispositions que Broche avoit reçues de la nature. *Desmasures*, frappé de ce qu'il avoit observé dans Broche, ne se contenta pas de lui donner des preuves d'une bienveillance passagere, il devint l'objet de sa plus constante sollicitude. *Desmasures* s'attacha principalement à fortifier l'inclination qui entraînoit Broche, encore enfant, vers la musique.

Comme on voit un arbrisseau placé près d'une source pure, croître, étendre ses rameaux, et recevoir au bout de peu d'années sous son ombrage salutaire, l'homme qui s'applaudit de l'avoir planté ; de même on vit se développer dans le jeune Broche les germes féconds du talent, augmenter chaque jour en lui une finesse de goût surprenante. L'on vit enfin l'éleve renvoyer modestement à son maître les éloges qu'on lui prodiguoit : l'encouragement étoit pour lui, l'honneur étoit pour *Desmasures*.

Broche parvenu à l'âge de vingt ans (il étoit né le 20 février 1752) que se sentant tourmenté par le besoin d'entendre les chefs-d'œuvre des artistes de la capitale, il embrassa son illustre maître et se mit en route pour Paris. La noble émulation dont il étoit enflammé, s'accrut pendant le peu de tems qu'il y fixa son séjour. D'après tout ce qu'il y entendit, il reconnut à l'heure même combien il lui restoit d'efforts à tenter, pour atteindre de tels modeles.

Dans la *république musicale* (ce sont les expressions de *Couperin*) comme dans celle des lettres, il faut exceller quand on veut être distingué de la foule. Broche en étoit convaincu; et le désir d'associer sa gloire aux noms fameux, redoubloit par les difficultés qu'il lui falloit vaincre.

Quoiqu'il n'habite plus au centre des arts et sous les regards du Dieu du goût, il n'en brûle pas moins religieusement chaque jour de l'encens sur ses autels. Retiré pour quelques instans au confluent de la Saône et du Rhône, il se prépare dans Lyon, par l'étude, au généreux dessein qu'il médite. C'est peu d'avoir entendu les plus renommés d'entre les musiciens français, il lui tarde d'aller visiter la terre natale de l'harmonie.

Broche ne quitta point les rives du Rhône sans emporter les regrets des lyonnais : déjà ses éleves vantoient par-tout sa supériorité. Notre compatriote cependant se plaisoit à redire, avec sa franchise accoutumée, qu'il étoit à peine introduit dans la carriere. » J'apperçois le but, se disoit-il à lui-même, l'at- » teindre est l'unique gloire où j'aspire. »

Dans tous les genres, l'on ne se forme qu'à l'école des grands maîtres. Si nous ne sommes point surpris, nous l'apprenons d'ailleurs par une tradition fidele, que Bossuet ait cherché dans Homere des idées et des images qui répondissent à l'élévation de son génie, que l'ame brûlante et impétueuse du poëte respire dans les oraisons funebres du Démosthenes de la chaire ; pourrions-nous l'être que Broche ait senti la nécessité d'aller étudier en Italie sous les maîtres les plus consommés dans la théorie et la pratique du bel art auquel il consacra ses veilles.

Broche part pour l'Italie avec des lettres de recommandation de plusieurs négocians de Lyon. Il en portoit de plus une du célebre Violon, *Viotti*, adressée à son maître *Pugnani*. Cette épitre lui mérita la faveur d'être présenté au roi de Sardaigne, à son passage par Turin.

Notre compatriote poursuit le cours de son voyage, visite plusieurs grandes cités d'Italie, entend leurs virtuoses et se rend enfin à Bologne auprès du sénateur, le comte *de Bianchi*, auquel il remet diverses lettres de recommandation. Non content de faire à Broche le plus honorable acceuil, le sénateur *Bianchi* lui donne un logement dans son palais, et le recommande au célebre *Martini*, religieux de l'ordre de Saint-François.

Cet illustre auteur que plusieurs académies se glorifioient alors de compter au nombre de leurs membres, conçut pour Broche une affection toute spéciale. Ravi de le voir possédé du *démon* de son art, s'il est permis d'user de cette expression, il lui inspira en peu de tems cette perfection de goût qui, lors de son retour dans sa patrie, devoit faire de ses rivaux ses propres admirateurs.

Qui pourroit peindre l'ardeur avec laquelle Broche se livra au travail sous le premier maître de l'Italie ; la rapidité de ses progrès dans un art où *Desmasures* avoit pressenti qu'il s'illustreroit ; l'étonnante facilité avec laquelle il se rendit familiere la théorie du *contre-point*. Quoique je pusse vous dire sur les succès de notre compatriote ; je resterois infailliblement au-dessous de la vérité. C'est son maître, c'est le recommandable *Martini* lui-même qui doit vous en instruire.

Enchanté de la maniere dont son éleve avoit répondu à ses soins, ce savant religieux, membre de l'institut *des sciences et filarmonique de Bologne*, le jugea capable de soutenir avec distinction les épreuves d'usage pour être admis dans ce célebre institut. Broche ne trompa point son attente ; il la surpassa même : car son succès fut tel que, triomphant dans cette circonstance de la jalousie qui s'attache d'ordinaire au talent, sur-tout dans un étranger, l'éleve obtint l'honneur de s'asseoir au même rang que son maître, dans le sanctuaire de l'harmonie.

Qu'on n'imagine point cependant que Broche se fût entierement détaché des personnes qui l'avoient chéri, encouragé sur les bords de la Seine. Quoiqu'à une très-grande distance d'elles, il aimoit à se rappeller leurs bontés et leur bienveillance.

Qu'il me soit ici permis, citoyens collegues, de laver les hommes à talent d'un reproche dont ils sont, dans le monde, trop légerement l'objet !

Il est assez ordinaire d'entendre soutenir que la force de l'esprit exclut la sensibilité de l'ame, que la bonté du cœur accompagne rarement le génie. Si des exemples sans nombre ne se réunissoient pour détruire une aussi outrageante prévention, Broche nous en fourniroit un.

Amant passionné de la gloire, épris de cette enivrante syrene dont la voix puissante l'avoit appellé en Italie, il n'en étoit pas moins empressé à s'acquitter des devoirs sacrés de l'amitié.

Que ne puis-je transcrire ici la lettre qu'il écrivoit *de Bologne*, le 4 décembre 1776 ! vous y remarqueriez cette force d'ame qui triomphe des goûts et de l'habitude, mais qui n'étouffe point la sensibilité. » Si » vous saviez, mandoit-il à mes demoiselles A.... » ses amies, que de combats j'éprouve entre l'amitié » et la gloire. Combien de fois ne me suis-je pas senti » tenté de laisser là cette Italie où je poursuis peut-

être

» être inutilement le secret d'acquérir de la renom-» mée, pour retourner auprès de vous ?

» Que je paierois cher, continue-t-il, une de ces » journées qui finissoient souvent par mes *crescen-* » *do!* .... j'étois trop heureux et je ne connoissois » pas tout mon bonheur. »

Des amis avoient également leur part à son souvenir dans cette lettre caractéristique, et il en parloit avec l'effusion d'un cœur capable d'un véritable attachement.

Vous excuserez sans doute, citoyens, en faveur du motif, cette courte digression : elle nous a fait perdre *Bologne* de vue, cette ville où Broche s'est rendu digne de l'estime du plus célebre musicien de l'Europe. C'est de lui qu'il apprit à faire valoir l'inépuisable fécondité de son génie, à pousser les variations d'un air à l'infini, au point d'étonner, par des ressources inattendues, les musiciens dont il étoit le plus difficile de captiver les suffrages.

Broche, quoique pénétré de reconnoissance pour le pere *Martini*, songe pourtant à terminer son voyage et à parcourir le reste de l'Italie, afin d'y respirer cette ame musicale qui semble répandue dans l'air de cette contrée. En se séparant de lui, son maître lui promet les plus brillans succès et lui remet, comme un gage de son amitié, un exemplaire in-quarto de son ouvrage intitulé : *Storia della musica*, *etc.*

Notre compatriote se rendit *de Bologne* à *Rome*, visita *Naples* ; et par-tout il s'enrichit par la réflexion des compositions savantes qu'il entendit.

Broche ne revint point aussi-tôt à *Rouen* ; il crut devoir exposer aux yeux des lyonnais les immenses

B

richesses qu'il avoit acquises. C'étoit à quelques-uns d'entr'eux qu'il devoit en effet l'utile connoissance du *sénateur Bianchi*, connoissance qui lui avoit procuré l'inappréciable bonheur d'étudier et de se perfectionner sous le plus grand harmoniste de l'Europe. Broche exerça quelques tems encore à *Lyon* avant de reparoître à *Rouen* : il ne devoit y rentrer que pour y briller dans un défi mémorable.

L'artiste qui lui ouvrit la carriere, l'aida en pere de ses conseils, le consacra dès l'enfance au culte du dieu des beaux arts, *Desmasures* qui se glorifioit de son éleve, songea à se le donner pour successeur, comme organiste de la cathédrale.

Plusieurs d'entre vous l'ont sans doute éprouvé, citoyens collegues ; il y a un attrait invincible qui nous rappelle vers les lieux où nous vîmes pour la premiere fois la lumiere. Le plus simple hameau, s'il nous vit naître, se retrace à notre imagination avec de tels charmes, dans les heures de la mélancolie, (car quel est l'homme pour qui la vie n'a pas des instans de dégoût) que les merveilles mêmes des arts seroient impuissantes pour en effacer les impressions. *Desmasures* éprouva donc, comme tant d'autres, le désir de revoir son pays natal, et de s'y fixer.

Il n'eût pas plutôt pris cette résolution, qu'il annonça son projet de retraite au chapitre. Les chanoines ne céderent qu'à regret à sa demande, mais enfin ils condescendirent à ses instances, et l'orgue de la cathédrale fut mis au concours.

Desmasures voulut que Broche se présentât dans ce défi des arts, et l'éleve n'osa résister au désir du maître. Celui-ci désignoit Broche comme le seul qui fût digne de lui succéder ; c'est ainsi que le célebre organiste, *Marchand*, déclara en mourant que *Dacquin* méritoit de le remplacer.

Le concours a lieu ; les rivaux sont en présence, *Broche*, *Montau*, *Morisset*. Quel beau champ ouvert à l'émulation ! quel honneur de l'emporter dans une lutte aussi glorieuse ! elle rappelle ces jeux mémorables où la Grece presqu'entiere décernoit des couronnes. Des poëtes célebres y lisoient leurs ouvrages. Le triomphe des vainqueurs devenoit un sujet digne de la lyre de *Pindare* : leur gloire, dit *Horace*, les élévoit au rang des dieux.

C'est à l'imitation de ces combats qu'on a conservé parmi nous les concours ; mais avons nous une multitude de spectateurs, comme dans les jeux olympiques, pour enflammer l'imagination ? Quoiqu'il en soit, Broche concourut et l'emporta sur ses rivaux.

Il faut l'avouer cependant, et je croirois manquer aux mânes de notre collegue si je négligeois de rapporter le témoignage honorable qu'il rendit dans tous les tems à M. *Montau*, son concurrent. Il aimoit à redire que ce musicien étoit au-dessus de lui pour la majesté (1) de l'exécution ; mais l'on admiroit dans Broche la légereté du *doigter*, son habileté à marier les instrumens, et une sorte de volupté de goût qui déciderent les juges en sa faveur.

Hommes opulens qui aspirez à l'honneur de protéger les arts, apprenez par l'exemple de *Desmasures*, combien il vous seroit facile de faire naître des talens qui resteroient enfouis si le goût et l'esprit d'observation n'alloient les chercher dans les conditions les plus obscures de la société. Sans *Desmasures*, pourrions-nous nous vanter d'avoir possédé un artiste qui eût emporté le suffrages des *Léo* et des *Duranté*, artistes les plus célebres qui aient, en Italie, composé pour les églises.

Le triomphe de Broche retentit jusques dans Paris, et de ce moment il fut en correspondanee avec *Couperin*, *Balbâtre*, et *Séjan*. Dès le mois de décembre 1778, *Couperin* lui écrivoit dans les termes les plus propres à convaincre notre compatriote du haut degré de considération qu'il avoit pour lui. Voici dans quels termes *Couperin* s'exprimoit, à propos d'une *messe de Sainte-Cécile* qu'il avoit appris que Broche devoit faire exécuter. » Il est très-louable et » très-profitable pour vous, de travailler à ces sortes » d'ouvrages où l'on voit le corps de toute l'harmonie » rassemblé ; je n'ai pas besoin de vous dire que » cela accoutume *à écrire au bout des doigs sur le* » *clavier*. »

Quel ton de franchise aimable! qu'il est consolant d'entendre un artiste qui s'exerce dans le même genre, s'énoncer avec cette vérité! Laissons les Zoïles des talens, se plaire à publier les inimitiés de quelques-uns d'entre ceux qui les cultivent, et livrons-nous au plaisir d'admirer les expressions amicales de *Couperin*.

Du reste, jamais personne n'a mieux accompli la prophétie de ce grand artiste que notre collegue ; Broche, en effet, *écrivoit au bout des doigts sur le clavier*, tant il excelloit par les variations et par les ressources que le génie seul procure.

Peu d'années s'étoient écoulées lors que *Couperin*, et quelques (2) autres, ravis de ses ouvrages, le presserent de venir essayer le bel orgue de *Saint-Sulpice* : Broche se rendit à leur invitation. Sa réputation ne se démentit point dans la capitale ; il y soutint, honneur vraiement remarquable ! la concurrence avec les plus habiles organistes. Après s'être distingué dans cette occasion, notre concitoyen revint à Rouen comblé par ses confreres des marques de la plus touchante estime. Ce voyage ne fit sur-tout qu'ajouter à l'amitié de *Couperin* : j'en atteste de nouveau les termes dans lesquels cet artiste lui écrivoit, au mois d'octobre 1782.

» J'ai eu bien du plaisir, il y a quinze jours de » rencontrer quelqu'un à Versailles. C'est M. *Platel*, » superbe basse-taille de la chapelle, qui arrivoit de » *Rouen* encore PLEIN du PLAISIR qu'il venoit de » goûter avec vous. Il m'a parlé d'un INVIOLATA que » vous avez touché pour lui. Où étois-je? Ah ! quel » jour........ »

Il me semble, citoyens, qu'il est impossible de rien ajouter à un semblable éloge donné par des hommes de l'art.

Je ne vous ai entretenu jusqu'à présent que de la haute estime dont notre collegue jouissoit, parmi ses confreres ; mais ses talens lui mériterent aussi la considération des personnes du premier rang. Le prince de Bouillon correspondoit avec lui d'un stile qui annonçoit assez que l'habileté de l'artiste avoit prévalu sur les distances. Il seroit trop long de nommer ici les différens seigneurs dont il reçut des marques de bienveillance ; je me contenterai de rapporter un court passage de la lettre que lui adressa monseigneur le cardinal de (3) *Frankemberg*, alors archevêque de *Malines*.

» Je serai enchanté de vous entendre sur le nouvel » orgue de ma métropole ; je crois que vous en se- » rez assez content. Je me rappelle toujours avec » plaisir *les belles fugues*, pieces d'orgue que vous » m'avez données, lors de mon passage à *Rouen*. »

Cette lettre détermina notre compatriote à faire un voyage dans la Belgique. Si Broche, durant son court séjour à *Malines*, satisfit l'amateur dans le cardinal archevêque, par sa brillante exécution sur l'orgue ; il ne l'enchanta pas moins dans le commerce privé, par l'aménité de son caractere. C'est ce que son éminence lui manda, depuis qu'elle eut appris son heureux retour à *Rouen*.

Quoique Broche ne dédaignât pas de mériter la faveur des grands, il sentit toujours sa dignité au point de ne leur jamais sacrifier son indépendance. Malgré l'offre que le duc de Bouillon lui fit d'une pension de douze mille livres, à condition qu'il s'engageroit à venir régulierement à *Navarre* pour y donner des leçons, son caractere libre, ennemi de toute gêne, ne lui permit point d'en être ébloui. Notre collegue aima mieux vivre du produit éventuel de ses travaux, que de courir les risques de s'exposer aux caprices humilians qui, trop souvent chez les princes, suivent de près la bienveillance.

Rien ne peint mieux, selon moi, la noble fierté d'ame de Broche que la réponse qu'il fit un jour au duc de Bouillon. L'artiste préludoit à *Navarre*, sur le clavecin, en présence du duc qui fut tout-à-coup frappé des feux d'un diamant que Broche portoit au doigt. » Vraiment, dit le duc, vous avez là » une magnifique bague ; c'est un cadeau sans » doute. — Non, mon prince, repliqua-t-il laconi» quement. »

Broche ne fut point fâché d'avoir cette occasion de faire connoître au duc qu'il se trouvoit par son talent, dans une situation à ne point avoir besoin de vendre sa liberté, quelque prix qu'on pût y mettre, puisqu'il pouvoit, avec les seuls honoraires de son art, acheter un diamant d'une pareille valeur. La bague avoit coûté une somme considérable.

A ce noble désintéressement qui porta Broche à refuser le don de la pension que monsieur de Bouillon voulut lui faire, on pourroit joindre beaucoup d'autres preuves non moins convaincantes. Ses amis l'ont entendu plus d'une fois exprimer du dégoût pour celles d'entre ses écolieres qui payoient le plus noblement ses leçons, parce qu'il n'appercevoit pas en elles ce qui décele le talent ; tandis qu'il s'empressoit d'aller chez celles dont il étoit très modiquement payé. Si ses amis se permettoient de le blâmer sur sa négligence envers les premieres ; il répondoit vivement : *ça n'a pas de génie.*

Vous l'avez entendu : Broche, par-dessus tout, s'attachoit au talent quand il enseignoit, sans s'occuper sordidement de ce qu'il devoit recevoir pour prix de ses soins.

J'aime, je l'avoue, la trempe de cette ame : combien je la trouve supérieure au tems où nous sommes, tems où si peu savent résister à l'éclat de l'or ;

tems où la richesse tient lieu de considération, de probité, même de vertu.

Vous ne m'entendrez point tonner sans fruit contre l'égoïsme du siecle, contre ce bouleversement universel des idées les plus simples du *juste* et de *l'injuste* : Juvénal même, s'il revenoit à la lumiere, n'effraieroit ni les esprits corrompus, ni les ames vénales. Une ligue redoutable s'est formée entre les hommes dépravés et sans foi : cette ligue a prévalu sur les mœurs publiques.

O *Tacite* ! ce n'est qu'en tremblant que mes yeux s'attachent sur tes pages vivantes. Quel affreux tableau se déroule à mes yeux sous les successeurs d'Auguste! quel débordement de scandales et de crimes!.....

Pourrois-je soustraire à vos regards, citoyens, un des côtés les plus aimables de notre collegue. Il me semble le voir, au milieu des réunions dont il étoit les délices, faire goûter, le verre en main, les leçons mêmes du Dieu des beaux arts. Que n'avez-vous pu l'entendre alors qu'il entroit en verve : comme tout demeuroit en silence autour de lui ! C'est alors que s'abandonnant à son génie, il improvisoit des *Fugues admirables* sur l'instrument qu'il touchoit. Tout devenoit un sujet fécond ; tout enflammoit son imagination. Appercevoit-il une gravure représentant *Cléopâtre mourante*, *Esther s'évanouissant devant Assuérus*, ou tout autre objet? son imagination lui inspiroit soudain les plus beaux effets, et l'instrument répondoit au feu, au pathétique de la composition.

Auteurs renommés par des pieces que l'on revoit toujours sur nos théâtres avec un nouveau plaisir, *Piron*,

Piron, *Saurin*, *Colé*, vous qui alliez chercher le plaisir *au Caveau* (4); aimables soutiens de la gaieté française, *Lafarre*, *Chaulieu*, vous qui nous rappellez si délicieusement les jeux d'*Anacréon* ; c'est sur vos traces que Broche marchoit quand il fêtoit le Dieu des vendanges. Avec quel transport vous eussiez applaudi, si vous eussiez entendu *les canons* que ses amis gardent comme des modeles.

Oui, citoyens collegues, ces *canons* seuls suffiroient pour donner une idée du talent de l'artiste que nous pleurons, si nous n'avions de lui d'autres ouvrages qui avoient obtenu le suffrage des grands maîtres. Il nous reste de notre collegue trois œuvres de *sonates*. Broche avoit dédié le premier au *duc de Bouillon* ; le second, au cardinal de *Frankemberg*. Tous deux apprécierent l'honneur d'une semblable dédicace. Quant au troisieme, il le dédia depuis à madame *le Couteulx*, *de Canteleu*.

Voulez-vous fixer votre opinion d'une maniere positive sur le mérite de ses œuvres ? Connoissez celle qu'en avoit l'organiste *Séjan*.

» J'ai reçu avec bien du plaisir, lui écrivoit celui-» ci, L'ŒUVRE DE SONATES que vous avez eu la bonté » de me faire tenir par M. votre ami, ainsi que votre » lettre obligeante. Recevez mes sinceres remercie-» mens de l'un et de l'autre. Vos *sonates* me parois-» sent charmantes, et je me propose de les faire jouer » à toutes celles de mes écolieres qui en seront ca-» pables. »

Savans, artistes, gens de lettres, vous tous qui aspirez à vous survivre, les seuls suffrages qu'il vous sied d'ambitionner, sont ceux des hommes de goût.

Car qui ne connoît le public et ses caprices ? qui ne sait qu' *Adélaïde du Guesclin*, *Athalie*, ces chefs-d'œuvres admirés aujourd'hui sur la scene, furent d'abord défavorablement jugés ?

Or, notre collegue recueillit, tant qu'il vécut, ces suffrages flatteurs. Il étonna les plus consommés dans son art. Un jour, (il y a cinq à six ans) le célebre *Punto*, étant accompagné de *St-Georges*, donna à Broche *un motif de trois notes*, au moment où celui-ci montoit à l'orgue. Broche fit pendant cinq quarts d'heure de la musique ravissante sur ce *motif*. Les artistes *St.-Georges* et *Punto* ne pouvoient se lasser de redire qu'ils n'avoient jamais rien entendu de pareil : les termes manquoient à leur admiration.

Outre ces œuvres, il reste de Broche diverses pieces inédites qui se trouvent entre les mains de ses amis, (5) ainsi que des productions d'école dont il s'occupoit dans ses loisirs. On a toutefois lieu de regretter qu'il n'ait pu achever, avant de mourir, un Concerto qu'il se proposoit de dédier à une dame que sa modestie me défend de nommer.

Que dis-je? s'il est un morceau dont on doive regretter la perte, c'est celui de *la bataille de Jemmapes* qu'il exécuta dans une fête républicaine où il fit principalement preuve de son goût exquis pour marier les instrumens. Mais les amateurs, les musiciens qui saisissoient toujours avidement l'occasion de l'entendre, parlent sur-tout encore, avec enthousiasme, du plaisir et de l'impression religieuse qu'ils éprouverent à ce couplet de *la Marseillaise* : AMOUR SACRÉ DE LA PATRIE etc. Non jamais la musique de *Gossec* n'avoit produit, parmi nos concitoyens, d'aussi ravissans effets.

Quelle expression musicale Broche sut donner à ces paroles si capables d'électriser des français ! Notre collegue trouva dans son ame la brûlante chaleur qui convenoit à ce chant de guerre. Patriote, il lui fut facile de s'élever par l'exécution à la sublimité de la composition musicale.

Ou je me trompe, citoyens collegues, ou vous avez dû, d'après ce que je vous ai raconté, vous former une juste idée de l'énergie morale de Broche. Vous avez donc d'avance pressenti qu'il supporteroit la maladie avec une grande force d'ame ; qu'il seroit moins affecté de ses propres douleurs que ceux qui l'aprochoient ; qu'il verroit arriver le terme de sa vie sans foiblesse. Tel s'est montré notre collegue jusque dans les instans qui ont précédé son agonie.

Mais ne vous semble-t-il pas, comme à moi, qu'il faut autant de vrai courage pour attendre ainsi la mort dans son lit, que pour la braver sur le champ de bataille ? Oui certes ; et il seroit injuste de ne point admirer cette raison supérieure, quand il est si rare d'en trouver des exemples.

Qu'importe qu'on s'efforce de dénigrer la philosophie ? elle n'en avoit pas moins pénétré jusqu'au cœur de Broche ; elle y avoit porté le premier des biens, la tranquillité. Quand la conscience est pure, on s'occupe bien plus de la clémence du grand Être, que des vaines terreurs qui assiegent la crédulité. L'homme de bien n'est point inquiet sur le sort qui l'attend ; un fils se jette toujours avec confiance dans les bras d'un pere.

Quelqu'aient été les opinions de Broche sur la vie future, (elles étoient dignes de l'honnête homme) notre collegue cherchoit encore vingt-quatre heures avant sa mort, à se distraire de ses souffrances par sa gaieté naturelle. Dans la soirée du jour même qui précéda sa fin, il joua au piquet, avec le frere de celle qui ne peut pas plus tarir la source de ses larmes qu'elle ne peut en oublier la cause.

Le jeu cesse, la nuit s'avance, une premiere crise se fait sentir, une autre lui succede. Broche remarque qu'elles arrivent à des distances régulieres; et du ton le plus calme, il demande à son ami qui veille à ses côtés, quelle heure il est. Sur la réponse qu'il en reçoit, il dit : « Voici donc l'instant d'une nou- » velle crise; car j'en éprouve d'heure en heure. »

Soudain, le mal redoubla de violence et parvint au dernier période : dans la matinée, Broche perdit l'usage de la raison.

On appelle ses médecins ordinaires : ils se consultent sur l'état du malade. Inutile ressource! il n'y a plus d'espoir de le conserver à la vie. Il est décidé qu'à l'agonie doit succéder la dissolution. Le malade resta dans cette situation désespérée, le 7 vendémiaire an XIIe., jusqu'à une heure et demie d'après-midi; ce fut l'instant où il mourut d'une *péritonite aigüe*. (inflammation d'entrailles).

Les qualités du cœur, dans notre collegue, furent égales à ses talens. Il fut officieux, ami sûr et fidele. Heureux s'il avoit retrouvé dans les autres la reconnoissance dont il s'étoit fait un devoir! La fréquentation du grand monde n'influa jamais en aucune façon sur ses manieres franches et loyales. S'il fut un homme de société, il est vrai de dire pourtant que même, durant les dix années de sa vie, on ne peut lui reprocher d'avoir négligé ses devoirs. Broche, jusqu'au dernier instant, fut estimable à ses propres yeux et aux yeux des autres.

Tel étoit notre collegue ; tel étoit l'artiste auquel vous aviez assigné une place au milieu de vous. Il n'est plus : puisse-t-il, pour nous rendre moins amer le souvenir de sa perte, s'élever bientôt, parmi nos concitoyens, (6) un organiste qui l'égale. Il n'est plus, et tout ce que vous pouvez faire aujourd'hui dans le dessein d'honorer sa mémoire, c'est de faire retentir cette enceinte de ce qu'il fit pour sa gloire, pour celle de ses concitoyens et pour la nôtre ; car il nous laisse à tous une part de l'honneur qu'il s'acquit dans la carriere des arts.

FIN.

NOTES.

(1) *Broche* s'est élevé depuis à une telle hauteur, par la richesse de ses compositions musicales et la hardiesse de l'exécution, qu'on peut dire, sans trop hasarder, qu'après *Séjan* et *Couperin*, il étoit le premier organiste de France.

(2) On raconte diversement la cause de son voyage à Paris : car quelques personnes m'ont assuré qu'il avoit été invité de s'y rendre par *Clicot*, constructeur de l'orgue de *Saint Sulpice*. *Clicot* ayant connu *Broche* à Rouen, où il avoit été appellé pour travailler à l'orgue de la cathédrale, désira que *Broche* vint à Paris pour être témoin de l'épreuve de l'orgue qu'il venoit d'achever.

Toutefois, soit que notre collegue eût été invité par *Couperin* d'assister à cette épreuve importante, soit qu'il l'eût été par *Clicot*, ce fut lui qui décida du sort de l'ouvrage. Déjà les organistes de Paris avoient déclaré que l'orgue ne pouvoit être reçu, parce qu'il étoit trop dur. *Clicot*, désespéré d'un semblable jugement, sollicita des juges, pour *Broche*, la permission de toucher l'orgue. L'ayant obtenue, notre collegue le toucha et produisit de si beaux effets, que l'orgue fut reçu.

Ce coup de maître fit un honneur infini à *Broche* parmi les artistes, et son nom vola de bouche en bouche.

(3) Le *cardinal de Frankemberg*, archevêque de *Malines*, vit encore. Ce prélat vient de donner, à cause de son grand âge, sa démission de son siege : il s'est retiré sur les domaines de la république batave.

(4) On appelloit ainsi un endroit du *Palais-Royal* où se réunissoient d'ordinaire plusieurs auteurs aussi considérés pour leur esprit, que recherchés par la bonne compagnie, pour leur gaieté. Momus et la Folie ne manquoient jamais de présider aux banquets de ces aimables convives. Que de feu ! que de saillies ! Jupiter lui-même eût volontiers quitté l'Olimpe à la sourdine, pour se délasser au milieu d'eux, des soins de gouverner le monde.

(5) Les amis de *Broche* possedent un grand nombre de pieces du premier mérite. On cite un TRIO, ou *hymne à la paix*, à l'occasion du traité d'Amiens, qui est de la plus grande beauté.

(6) *Broche* a formé plusieurs éleves ; l'éloge le plus flatteur qu'on puisse un jour faire d'eux, sera de dire qu'ils rappellent le grand talent de leur maître.

Le plus renommé de tous est le citoyen *Boyeldieu*, que l'empereur *Alexandre* a su attirer à sa cour, en qualité de *maître de musique de sa chapelle.* Quoiqu'il doive, en cette qualité, se fixer en Russie, le ministre de l'intérieur a bien voulu lui conserver en France le titre de membre *du conservatoire.*

NOTE DE L'AUTEUR.

Si *la Société libre d'Émulation* a cru devoir payer son tribut à la mémoire de *Broche* en nommant deux de ses membres pour s'occuper de la notice qu'on vient de lire, (le citoyen Cordonnier, maître de musique, qui m'avoit été adjoint, s'est empressé de me procurer différens matériaux que j'ai employés;) les musiciens de notre ville n'ont rien négligé, de leur côté, pour honorer le talent de celui dont le nom figurera chez la postérité parmi ceux des hommes célebres qui ont illustré notre département.

Le 9 frimaire, ils ont fait célébrer en l'honneur de sa cendre, un service solemnel dans l'église métropolitaine de ce diocese, auquel ont assisté des savans, des littérateurs, des artistes distingués, des amateurs, et où l'on a de plus remarqué un grand concours de personnes.

Ce qui a encore ajouté à l'intérêt de cette touchante cérémonie, c'est qu'on y a exécuté différens morceaux de musique qu'il avoit lui-même réservés pour être exécutés lors de son service, attendu qu'il n'avoit point été assez heureux pour l'obtenir en l'honneur de son ami Thiémé, à cause de quelques contrariétés qu'il ne put alors surmonter.

Entr'autres beautés musicales, on a remarqué dans le *dies iræ* du célebre *Ricci*, le superbe morceau *quantus tremor*, riche en peintures musicales, d'où sort le *tuba mirum*. Il est annoncé par les cors, effet qui a été senti par ceux mêmes qui ne connoissent pas la langue latine.

Le morceau suivant, qui est une espece de finale, a été goûté pour ses effets larges. Le *recordare* n'a pu être jugé, vu qu'il a été tronqué par des inversions de phrases musicales qu'on n'a pu éviter, faute de voix bas-dessus (*castrati*) que ne peuvent remplacer nos *contralto*,

Le chœur suivant, *qui mariam absolvisti*, a été rendu avec toute l'énergie d'une réunion d'excellens musiciens, ainsi que le verset *lacrimosa*, morceau du plus touchant pathétique, et enfin le dernier morceau dont la fugue seroit l'un des plus beaux morceaux d'école, si le motif étoit moins commun. L'on peut mettre hardiment cet ouvrage au rang de ceux de Pergolese.

RAPPROCHEMENS.

J'ai dit que *Broche* prodiguoit de préférence ses soins à ceux ou celles de ses éleves où il appercevoit de plus sûrs indices de talent : notre compatriote eut ceci de commun avec le fameux organiste *Marchand*. J'ai lu ce qui suit au sujet de ce dernier.

« Marchand étoit si singulier qu'il négligeoit la plupart de ses écolieres, pour deux ou trois auxquelles il s'attachoit. Il ne sortoit pas des maisons qui lui plaisoient; il y touchoit du clavessin tant qu'on vouloit, sans s'embarrasser si on l'attendoit ailleurs. Il passa ainsi huit jours dans une aimable société de Paris, et enchanta tous ceux qui y venoient, en s'amusant sur un petit buffet d'orgue. »

On dit encore de *Marchand* que *c'étoit en présence de deux ou trois amis choisis qu'il développoit son génie*. Tel s'est souvent montré *Broche*; témoin la belle musique qu'il fit sur son (1) ins-

(1) L'orgue de la cathédrale de Rouen est, d'après ce qu'on a entendu dire à Broche lui-même, un des plus beaux instrumens qu'il y ait en Europe.

trument pour complaire à *Saint-Georges* et à *Ponto.* (Voyez la page 18.)

Un autre point par lequel *Broche* ressembloit encore à *Marchand* ; c'est celui de l'indépendance. On m'a rapporté qu'une veille de grande fête (c'étoit très-peu de temps avant sa mort) , un marguillier fut le prier de vouloir bien toucher l'orgue *aux Vêpres.* Il fit valoir auprès de l'artiste toutes les considérations qu'il crut les plus propres à vaincre sa résistance. *Broche* qui avoit quelque lieu de se plaindre de ceux mêmes du nom desquels on prétendoit s'appuyer , répondit qu'il ne toucheroit pas : il tint ferme , et le chapitre fut obligé de psalmodier *les Vêpres.*

Voici maintenant le trait qu'on rapporte de *Marchand* :

« La veille de *Noel* , des personnes de la première
» distinction envoyèrent demander aux grands cor-
» deliers , si *Marchand* toucheroit *la Messe* de la
» Nuit , on fit réponse au couvent qu'il avoit coutume
» de le faire. Une nombreuse assemblée se rendit dans
» cette église. *Marchand* fut souper dans une maison :
» et s'y plaisant beaucoup , il ne voulut plus en sor-
» tir ; on sut l'avanture par celui qui touchoit en sa
» place , lorsqu'il ne vouloit pas s'en donner la peine.
» On envoya promptement lui dire que la meilleure
» compagnie de Paris l'attendoit avec impatience :
» il ne se rendit point pour cela ; et telle raison qu'on
» pût lui alléguer , il ne répondit autre chose , sinon

» que ce seroit pour une autrefois, et qu'il vouloit
» absolument passer la nuit dans la maison où il se
» trouvoit alors. »

J'ai cru que ces rapprochemens entre deux organistes célebres devoient être lus avec intérêt.

ELEGY.

On the death of M. Broche, late organist of Notre-Dame, a Rouen.

Poor Broche, *alas! is now no more;*
His spirit gone, his genius fled;
The friends of harmony deplore
Him, number'd 'mong the silent dead.

Cold is that hand! whose potent art,
Whose magic touch was ever found
To rouze, to soothe, or melt the heart;
Which gave a soul to empty sound.

Let grief be mute, to grieve is vain;
Ye sons of verse! awake the lyre;
To joy attune the lydian strain;
For Broche *now joins the heav'nly choir.*

Yet still his name to mem'ry dear,
Shall long recorded be on earth;
And oft his friends shall drop a tear;
Just tribute to departed worth.

Par M. Smith, Écossais.

TRADUCTION.

Infortuné *Broche*! tu n'es plus. Ton génie s'est éteint avec la vie. Les regrets des amateurs te suivent parmi les ombres silencieuses.

Le mort a glacé cette main qui sut donner une ame aux sons, et fit si puissamment valoir les ressources magiques de l'art pour adoucir, émouvoir et attendrir les cœurs.

Fils brillans de l'harmonie, cessez vos regrets et saisissez la Lyre. Faites résonner vos accords ; *Broche* est maintenant réuni aux chœurs célestes.

Son nom chéri vivra long-temps dans la mémoire des nourissons des Muses ; et souvent ses amis frappés du souvenir de ses talens, ne pourront retenir leurs larmes.

FIN.

www.ingramcontent.com/pod-product-compliance
Ingram Content Group UK Ltd.
Pitfield, Milton Keynes, MK11 3LW, UK
UKHW022004260726
13994UKWH00004B/1935